Eigentum
der
Ortsbücherei Aichwald

aussortiert

Hohenheim

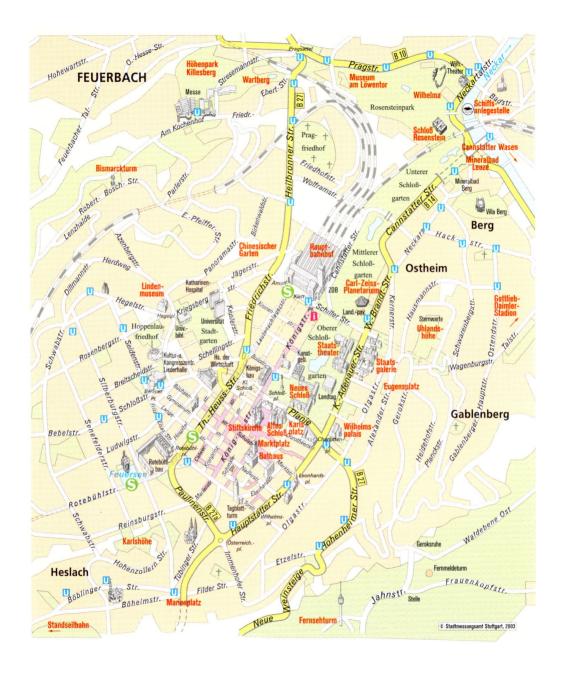

Wir entdecken Stuttgart

Eine Geschichte für Kinder

Sabine Ilfrich

Hohenheim Verlag
Stuttgart Leipzig

Zur Autorin
Sabine Ilfrich, 1961 in Stuttgart geboren und dort aufgewachsen, hat an der Universität Tübingen Geschichte und Soziologie studiert. Seit 1986 arbeitet sie als Lektorin und Pressesprecherin von Buch- und Zeitschriftenverlagen in Stuttgart. Sie hat zwei Kinder im Alter von 11 und 4 Jahren.

Die Deutsche Bibliothek – CIP-Einheitsaufnahme
Ein Titeldatensatz für diese Publikation ist bei der Deutschen Bibliothek erhältlich

© 2003 Hohenheim Verlag GmbH, Stuttgart · Leipzig
Alle Rechte vorbehalten
Satz: Satz & mehr, Besigheim
Druck: Henkel Druck, Stuttgart
Bindung: Dieringer, Gerlingen
Printed in Germany

ISBN 3-89850-103-5

Inhalt

Besuch 6
Stuttgart von oben 7
Stäffelesrutscher 10
Pferde und Rössle 12
Spurensuche im Großstadtdschungel 14
Könige und Gemahlinnen 16
Papageien und andere Tiere 19
Flüsse und Quellen 22
Eine Weltreise 25
Geburtstag im Park 27
Bubenspitzle und Flädlessuppe 29
Vorhang auf 31
Weihnachtsmarkt 33
Stuttgart unter Sternen 34
Anhang: Was Kinder in Stuttgart unternehmen und anschauen können 38
Bildnachweis 48

Besuch

Endlich ist es so weit! Lisa und ihr kleiner Bruder Paul fahren mit ihren Eltern zum Hauptbahnhof. Sie holen ihren Cousin Martin ab, den sie schon lange nicht mehr gesehen haben. Martins Familie hat einige Jahre im Ausland gelebt und ist erst vor kurzem nach Deutschland zurückgekehrt. Nun kommt er in den Osterferien zu Besuch, allein, denn seine Eltern sind noch mit dem Einrichten ihrer neuen Wohnung beschäftigt.

„Hoffentlich erkennen wir ihn überhaupt", sagt Lisa aufgeregt, als sie am Bahnsteig auf seinen Zug warten. Aus Briefen wissen sie, dass Martin gerade seinen zehnten Geburtstag gefeiert hat – er ist über ein Jahr älter als Lisa – und dass er mal Detektiv werden will. Aber da sie immer wieder Fotos ausgetauscht haben, erkennen sie ihn sofort, als er aus dem ICE steigt.

Die Kinder begrüßen sich noch etwas schüchtern, aber schon auf der Heimfahrt im Auto haben sie sich viel zu erzählen und lachen zusammen wie alte Freunde. Lisa und Paul freuen sich darauf, ihrem Cousin alles zu zeigen: ihre Wohnung, ihre Spielsachen, ihre Meerschweinchen und die Stadt, in der sie wohnen – Stuttgart.

„Wir sollten Martin erst einmal einen Überblick über Stuttgart verschaffen", meint Papa am nächsten Morgen nach dem Frühstück und schlägt vor: „Wir nehmen die Fahrräder und fahren am besten einfach mal los." „Oje", stöhnt Lisa, die sportliche Anstrengungen nicht so schätzt. Da fällt ihr ein Ausweg ein: „Von wegen!", widerspricht sie. „Einen Überblick gibt es nur von oben. Also müssen wir möglichst hoch hinauf, und am höchsten ist der Fernsehturm."

„Ein Turm?", fragt Martin skeptisch. „Naja, ich bin schon auf jede Menge Türme geklettert." „Aber unser Fernsehturm ist einer der ersten, der auf der Welt gebaut wurde", erwidert Lisa und ist ein bisschen stolz. „Außerdem muss man auf ihn nicht hinaufklettern, er hat nämlich einen Aufzug."

Stuttgart von oben

Bei strahlendem Sonnenschein geht es bald darauf los, und die Fahrräder kommen trotzdem mit. Für Martin haben sie sich ein Rad von den Nachbarn geliehen. Zum Glück ist heute Sonntag, da sind nur wenig Autos unterwegs. Papa, Mama und die Kinder radeln zum Marienplatz, um dann mit der Zacke hoch nach Degerloch zu fahren. Die Zacke ist eine Zahnradbahn, die von der Innenstadt aus steil den Berg hinaufrattert und dabei 200 Meter Höhenunterschied überwindet. „Sie ist die einzige Zahnradbahn, die heute noch in einer deutschen Großstadt fährt", erklärt der Fahrer, als er ihnen hilft, die Fahrräder auf einem Transportwagen zu befestigen.

Während der Fahrt wundert sich Martin, wie viele Hügel es in Stuttgart gibt. Tief unter ihnen liegt die Innenstadt wie in einem Kessel. „Bei uns zu Hause ist alles ganz flach", erzählt er. „Da müsste man schon mit dem Hubschrauber fliegen, um so weit sehen zu können." „Aber das Fahrradfahren ist dafür bei euch bestimmt nicht so anstrengend wie bei uns", gibt Lisa neidisch zu bedenken.

An der Endhaltestelle in Degerloch holen sie sich wieder ihre Fahrräder und radeln los. Bald darauf sind sie schon am Ziel und verrenken sich unten fast die Hälse, um bis zur Spitze des 217 Meter hohen Fernsehturms hinaufschauen zu können. Dann gehen sie hinein und lösen an der Kasse die Eintrittskarten. Für die 150 Meter bis zur Aussichtsplattform benötigt der Aufzug nur 44 Sekunden. Vor Aufregung ist Paul ganz zappelig. „Keine Sorge", scherzt der Fahrstuhlfahrer, „verfahren habe ich mich hier noch nie."

Als sie die Plattform betreten, ist auch Martin von der spektakulären Aussicht beeindruckt. Aus luftiger Höhe können sie weit über die Stadtgrenzen Stuttgarts hinaus bis zum Schwarzwald und zur Schwäbischen Alb schauen. Die Häuser sehen von hier oben winzig aus und sind zwischen den vielen Wald- und Grüngebieten manchmal kaum zu erkennen. Aber Mama erzählt, dass Stuttgart eine Großstadt mit 590 000 Einwohnern und Mittelpunkt einer Region mit fast drei Millionen Einwohnern ist. „Und Stuttgart besitzt 60 Stadtteile, das könnt ihr euch wie 60 kleine Dörfer dicht aneinander vorstellen." Eine ganze Weile sind sie damit beschäftigt, nach ihrem eigenen Wohngebiet Ausschau zu halten. Das Haus, in dem Lisa und Paul wohnen, suchen sie allerdings vergeblich.

„Wie lange hat der Fernsehturm eigentlich geöffnet?", fragt Lisa, als sie auf den Aufzug nach unten warten. „Ich glaube, bis nach 22 Uhr", antwortet ihr Vater. Lisa, die abends gerne lang aufbleibt und Ausflüge zu später Stunde liebt, kommt da eine gute Idee: „Können wir hier mal wieder hoch, wenn es schon dunkel ist?", fragt sie ihre Eltern. „Die beleuchtete Stadt sieht von so weit oben bestimmt toll aus." „Mal sehen", entgegnet ihr Vater, „eigentlich gehört ihr zu dieser Zeit ins Bett. Und meiner Meinung nach sehen schlafende Kinder auch toll aus."

Wieder unten angelangt, entdeckt Martin einen Automaten, von dem man sich eine Münze prägen lassen kann, auf der der Fernsehturm abgebildet ist. Weil Martin unbedingt ein Andenken mitnehmen möchte, opfert er dafür einen Teil seines Taschengelds.

Die Rückfahrt ist dann ganz nach Lisas Geschmack: Ohne viel strampeln zu müssen, lassen sie sich auf ihren Fahrräder bergab durch den Wald rollen. Bald treffen sie wieder auf die ersten Häuser des Stadtgebiets.

Stäffelesrutscher

Am Eugensplatz machen sie eine kleine Pause und stärken sich mit einem leckeren Eis aus der nahegelegenen Eisdiele. Sie sitzen unter Kastanienbäumen an einem Brunnen. Hoch oben auf dem Brunnen steht die schöne Galatea, eine griechische Sagengestalt. Schmunzelnd erzählt ihnen Mama eine kleine Geschichte über sie: „Als die Statue vor über hundert Jahren enthüllt wurde, waren viele Menschen empört über ihren nackten Po. Die Königin Olga, die die Statue gestiftet hatte, ärgerte sich über die undankbaren Bürger und wollte die schöne Galatea umdrehen lassen, damit das nackte Hinterteil der Stadt und ihren Bewohnern zugewendet ist."

Auch vom Eugensplatz aus haben sie einen weiten Blick auf den Talkessel hinab. Solche Aussichtspunkte gibt es in Stuttgart viele: Lisas Vater zeigt den Kindern, wo auf der anderen Seite der Stadt der Birkenkopf, die Doggenburg und der Gähkopf zu sehen sind. Paul schwärmt Martin von der Uhlandshöhe vor, die hier ganz in der Nähe ist und auf der es nicht nur einen Aussichtsturm, sondern auch einen schönen Spielplatz und eine Minigolfanlage gibt. „Das will ich dir unbedingt mal zeigen", sagt er, „aber vergiss es nicht!"

Nach so viel Aussicht und Schauen kann sogar Lisa nicht länger stillsitzen. Die Kinder beginnen auf den Wegen und Treppen herumzuspringen, die vom Eugenplatz zur Innenstadt führen. Lisa erzählt Martin, dass es in Stuttgart mehr als dreihundert solcher Stäffele gibt. Deshalb werden die Stuttgarter auch Stäffelesrutscher genannt. Die Treppen wurden ursprünglich für die steilen Weinberge angelegt, die es früher hier überall gab. Sie deutet auf den gegenüberliegenden Hang, wo heute noch mitten in der Stadt, ganz nahe beim Hauptbahnhof, Wein angebaut wird.

„Meine Sportlehrerin hat sogar schon mal an einem Stäffeleslauf teilgenommen, der über insgesamt 2564 Stufen durch ganz Stuttgart führte", berichtet Lisa, „und stell dir vor, das hat sie einfach nur so aus Spaß gemacht!" Martin nimmt sich vor, die Stufen der Eugenstaffel zu zählen. Die Kinder müssen dreimal runter und wieder hoch steigen, bis sie sich endlich auf eine Zahl einigen können.

Pferde und Rössle

Am Ende der Osterferien kommen Martins Eltern nach Stuttgart, um ihren Sohn wieder abzuholen. Vor der Heimfahrt möchten alle zusammen noch einen Tag hier verbringen und sich auf Wunsch von Martins Eltern die Innenstadt anschauen. „Städte sind doch irgendwie alle gleich, immer nur Einkaufen und Geschäfte", meint Martin lustlos. „Das wollen wir doch mal sehen", erwidert Lisas Vater.

Sie fahren mit der Straßenbahn bis zum Schlossplatz, dem Mittelpunkt der Stadt, an dem die Königstraße vorbeiführt. Die Hauptstraße durch Stuttgarts Innenstadt ist voller Menschen, die hier nicht nur einkaufen gehen, sondern auch einfach nur so umherbummeln, in Straßencafés sitzen und das bunte Treiben beobachten. Straßenmusikanten aus aller Welt finden hier viele Zuhörer. Eine Weile bleiben sie bei einem Akroba-

ten stehen, der jongliert und Einrad fährt. Paul meldet sich freiwillig, als ein Assistent gesucht wird, und bekommt zum Dank einen Luftballon geschenkt.

Über die Planie kommen sie hinüber zum Schillerplatz. Dort kann man sich gut vorstellen, wie es früher mal in Stuttgart ausgesehen hat, weil noch alte Gebäude wie der Fruchtkasten, der Prinzenbau und die Alte Kanzlei stehen. Heute findet hier und auf dem Marktplatz nebenan der Wochenmarkt statt, auf dem es Gemüse, Obst und Blumen zu kaufen gibt.

„So, ihr Detektive", sagt da Lisas Vater, „stellt mal euren Spürsinn unter Beweis! Heute habt ihr einige Fälle zu lösen" und gibt ihnen gleich die erste Aufgabe: „Wer ist der Mann auf dem Denkmal?" Dabei deutet er auf die Mitte des Platzes. Ein Detektivspiel? Martin ist hellauf begeistert und rennt los wie ein geölter Blitz, so dass ihm Lisa kaum folgen kann. Aber es dauert eine ganze Weile, bis endlich Martin als erster die im Boden eingelassene Tafel findet. „Schiller-Denkmal", schreit er. „Genau", sagt Papa, „der berühmte Dichter Friedrich Schiller. 1:0 für Martin." „Ach, das hätte ich mir denken können, deswegen heißt der Platz auch Schillerplatz", ärgert sich Lisa.

Aber jetzt fangen wir mit der Geschichte Stuttgarts ganz von vorne an", beschließt Lisas Vater. „Vor über tausend Jahren, um das Jahr 950, hat Herzog Luidolf von Schwaben ganz in der Nähe ein Gestüt angelegt, in dem Pferde gezüchtet wurden. Das gab der späteren Stadt auch ihren Namen: Stutengarten. Nun kommt die zweite Aufgabe: Ratet mal, was auf dem Stuttgarter Wappen zu sehen ist!" „Ein Pferd", ruft Martin blitzschnell. „Ein Rössle", sagt Lisa wie aus der Pistole geschossen. Beide haben recht, und es steht nun 2:1.

Spurensuche im Großstadtdschungel

„Lasst uns nun hinüber zum Alten Schloss gehen", schlägt Papa vor. „Es wurde ebenfalls im 10. Jahrhundert als Wasserburg gegründet, um den Stutengarten zu schützen. Heute ist darin das Württembergische Landesmuseum untergebracht. Dritte Aufgabe: Wer findet darin zuerst das goldene Tee- und Kaffeeservice der Königin Katharina?"

Die Kinder stürmen die Treppe hinauf, auf der die Burgherren, die hier früher wohnten, hoch zu Roß direkt in ihr Schlafgemach geritten sind – ohne abzusteigen. Hier gibt es so viel zu sehen, dass alle ganz vergessen, wonach sie eigentlich suchen sollen. Schließlich sind hier Schätze aus 30 000 Jahren Geschichte ausgestellt. Paul will gar nicht mehr von der Waffensammlung fort, in der es neben alten Schwertern, Degen und Flinten auch Rüstungen und Helme zu bewundern gibt. Schön schaurig findet

Martin die Gräber in der Gruft.

Lisa hat es mehr die herzogliche Kunstkammer angetan, in der märchenhafte Wunder aus fernen Erdteilen, Elfenbeinminiaturen und Schmuck aus Gold und Halbedelsteinen zu bestaunen sind. Als sie den Kronschatz der württembergischen Könige und ihrer Gemahlinnen betrachtet, stellt sie sich vor, eine Königin zu sein und all den prächtigen Schmuck zu tragen. Unter all den Schätzen entdeckt sie plötzlich ein paar goldene Tassen und Teller und ruft laut: „Hier, ich habe das Geschirr gefunden!" Jetzt herrscht Punktegleichstand – 2:2.

Ihr Stadtrundgang führt als nächstes an der Stiftskirche vorbei, die mit ihren beiden Türmen ein Wahrzeichen Stuttgarts ist. Auf einem der Türme hängt das so genannte Silberglöckchen, das mit hellem Klang jeden Abend um 21 Uhr und um Mitternacht läutet. Mama berichtet, dass es über diese Glocke zwei Sagen gibt, die aber wohl nicht der Wahrheit entsprechen. „Erzähl' sie trotzdem", bettelt Lisa. „Also", beginnt ihre Mutter, „nach einer Geschichte hat ein Edelfräulein von der damaligen Weissenburg in Stuttgart das Glöckchen gießen lassen und jeden Abend selbst geläutet, um ihrer im Jahr 1347 verschwundenen Mutter den Heimweg zu weisen. Nach der anderen Sage verirrte sich im Jahre 1598 die württembergische Prinzessin Sibylle Elisabeth bei Nacht und hat durch den Klang einer aus der Ferne tönenden Glocke den Weg wieder nach Hause gefunden. Daraufhin hat sie das Silberglöckchen gestiftet und bestimmt, dass es für alle Zeiten um Mitternacht geläutet werden sollte." „Das will ich unbedingt mal selbst hören", sagt da natürlich Lisa, die Nachteule.

„Ihr könnt jetzt schon mal was hören." Papa schaut rasch auf seine Armbanduhr. „Ich stelle euch nun die vierte Aufgabe: Woher kommt das Glockenspiel?" Alle lauschen, bis Paul plötzlich losrennt und zum Marktplatz läuft. „Hier", ruft er, „von diesem Turm." Tatsächlich, das Glockenspiel im Rathausturm spielt eine Melodie, die Paul zwar ziemlich falsch, aber schön laut mitsingen kann: „Muss i denn, muss i denn, zum Städele hinaus..."

Zur Belohnung darf er mit seinem Vater im Rathaus eine Runde Paternoster fahren. „Pater – was?", fragt Martin und geht neugierig mit hinein. Mit roten Wangen kommt er danach wieder die Stufen des Rathauses herunter. „Ganz schön aufregend, so ein Aufzug ohne Türen und ohne Anhalten", erzählt er seinen Eltern. „Man weiss ja nie, ob man es schafft, rechtzeitig wieder hinauszuspringen."

Könige und Gemahlinnen

Am Marktplatz kommen sie an vielen Geschäften vorbei. Am Schaufenster eines großen Spielzeugladens drückt sich Martin fast die Nase platt. Da sind doch tatsächlich Detektivkästen ausgestellt! „Ich dachte, Geschäfte sind nichts für dich", neckt ihn Lisa. An der Markthalle entlang gehen sie zum Schlossplatz zurück, wo sie in der Nähe einer kleinen Reisegruppe stehen bleiben. Ein Stadtführer zeigt den Touristen das prächtige Neue Schloss und erklärt gerade mit lauter Stimme: „Neben dem Neuen und dem Alten Schloss gibt es noch drei weitere Schlösser in Stuttgart: Schloss Hohenheim,

Schloss Solitude und Schloss Rosenstein." „Ja aber – in welchem Schloss wohnt denn nun eigentlich der König?", ruft Paul plötzlich dazwischen.

Der Führer lacht. „Könige gibt es hier schon lange nicht mehr. Im Mittelalter war Stuttgart der Wohnsitz der Grafen, später der Herzöge von Württemberg. Besonders Herzog Carl Eugen, der im 18. Jahrhundert lebte, hat in Stuttgart viele Spuren hinterlassen. Er ließ zum Beispiel hier das Neue Schloss bauen. Erst viel später, ab 1806, wurde Württemberg Königreich, und es gab nacheinander vier Könige. Der erste König von Württemberg war Friedrich I. ..."

„Seine Krone haben wir im Alten Schloss gesehen", erinnert sich Lisa.

„Dann folgten König Wilhelm I. und König Karl..."

„Der liegt unten in der Gruft", flüstert Martin.

„und schließlich als letztes König Wilhelm II.", fährt der Führer fort. „Noch heute leben einige alte Stuttgarter, die diesen beliebtesten König von Württemberg mit seinen beiden weißen Spitzhunden spazieren gehen gesehen haben. ‚Grüss Gott, Herr König' haben sie ihm zugerufen, und er hat immer freundlich zurückgegrüßt."

Sie gehen langsam weiter, besichtigen die Jubiläumssäule, die zur Erinnerung an das 25. Regierungsjubiläum von König Wilhelm I. errichtet wurde, und kommen in den Oberen Schlossgarten. Die Erwachsenen bleiben stehen und schauen hinüber zum Landtag mit seinen gläsernen Fassaden. Hier entscheiden heutzutage die Abgeordneten über viele Angelegenheiten von Baden-Württemberg, dessen Hauptstadt Stuttgart ist. Da schreit Lisa plötzlich „Achtung!" und greift nach Pauls Ärmel. In letzter Sekunde zieht sie ihn vom Rande des Eckensees zurück. Fast wäre er hineingefallen, als er sich zu den Enten mit den kleinen Küken hinunterbeugen wollte. Nun ist er mit einem nassen Hosenbein davongekommen.

„Auch wenn die Monarchie schon lange abgeschafft ist, erinnert immer noch viel an die württembergischen Könige: Bauten, Denkmäler, Straßennamen...", sagt Papa, nachdem sie Paul einigermaßen wieder abgetrocknet haben. „Aber auch an ihre Gemahlinnen", wirft Mama ein, „ vor allem die Königinnen Katharina und Olga, die beide aus Russland stammten, haben viel gegen Armut und Not und viel für die Bildung der Untertanen getan."

„Aber jetzt tut ihr mal wieder etwas für eure Bildung", sagt Papa zu den Kindern und stellt die fünfte und letzte Aufgabe: „Wer entdeckt zuerst Wilhelm II. und seine Hunde?" Bei ihrem weiteren Rundgang gucken sich alle fast die Augen aus – jedoch ohne Erfolg.

Da beschließt Martin, bei der Lösung dieses Falls wie ein Detektiv zu ermitteln. Er befragt einige vorbeigehende Leute, bis ihm ein älterer Herr einen Tipp gibt: „Wilhelm II.? Ich glaube, der steht dahinten beim Wilhelmspalais." Dort, vor dem ehemaligen Wohnsitz dieses Königs, in dem heute die Stadtbücherei mit der Kinderbücherei untergebracht ist, entdeckt er dann auch als erster das gesuchte Denkmal.

Damit hat Martin das Spiel gewonnen. „Ich verleihe dir hiermit den Titel ‚Stuttgarter Meisterdektektiv', erklärt Papa feierlich. „Zur Belohnung darfst du dir auf dem Flohmarkt eine Kleinigkeit aussuchen." Sie gehen hinüber zum Karlsplatz. Dort, rund um das Reiterstandbild von König Wilhelm I., bauen jeden Samstag viele Händler ihre bunten Stände auf und bieten alle möglichen Waren an. Martin entscheidet sich schließlich für ein Buch mit – na was wohl? – Detektivgeschichten!

Lisa gönnt ihm den Erfolg. Außerdem tun ihr jetzt die Füße weh. „Wie wäre es, wenn wir nächstes Mal eine Stadtrundfahrt mitmachen?" schlägt sie vor. „Und zwar mit dem Bus!"

Als sie wieder in der Straßenbahn sitzen, gibt Martin gerne zu, dass Stuttgart doch viel mehr als nur Geschäfte zu bieten hat. „Hoffentlich habt ihr nichts dagegen, dass ich euch bald wieder besuche", sagt er, bevor er nach Hause fährt.

Papageien und andere Tiere

Als Martin das nächste Mal wieder nach Stuttgart kommt, ist Sommer. Eines Morgens werden sie von lautem Geschrei geweckt, das aus dem Garten kommt. Im Nu flitzen sie noch im Schlafanzug nach

draußen und sehen auf einem Baum fünf grüne Papageien sitzen, die kreischen und zetern. „Ach, das sind die Gelbstirnamazonen", sagt Lisa. „Denk mal, vor vielen Jahren ist ein freilebender Papagei in der Wilhelma aufgetaucht. Damit der Vogel nicht so alleine ist, ließen die Tierpfleger noch einen frei. Inzwischen sind es immer mehr geworden, und sie werden an allen möglichen Stellen in Stuttgart gesichtet." Als sie Martins fragendes Gesicht sieht, fügt sie hinzu: „Das stand mal in der Zeitung."

„Schon – aber in was für einem Wilhelm ist er aufgetaucht?", fragt Martin. „Nicht Wilhelm, sondern Wil-hel-ma", verbessert Lisa, „das ist unser Zoo in Stuttgart." „Ach so, einen Zoo gibt es bei uns auch", meint Martin. Aber Lisas Mutter erklärt Martin später, dass es sich dabei nicht einfach nur um einen Tierpark handelt, sondern auch um eine einzigartige, besonders schöne Gartenanlage mit exotischen Pflanzen aus aller Welt. Und außerdem gibt es dort über 9000 Tiere von der Vogelspinne bis zum Eisbären. Weil der Tag schön und sonnig ist, schlägt Lisa vor, der Wilhelma doch gleich heute einen Besuch abzustatten. Martin packt seinen Fotoapparat ein und hofft auf ein paar interessante Motive.

In der Wilhelma laufen sie zuerst durch die Gewächshäuser. In manchen ist es so heiß und feucht wie im Dschungel. Danach will Lisa sofort zu ihren Lieblingstieren, den Affen. „Besuch bei den Verwandten", scherzt Papa. Besonders den Gorilla- und Schimpansenbabies könnte Lisa stundenlang zuschauen, die an ihren Gitterbettchen turnen, miteinander spielen und raufen. Wie kleine Kinder haben sie Windeln an. Als sich ein Schimpansenkind ausgiebig mit dem Finger in der Nase bohrt, grinst Lisa: „Schaut mal, genau wie Paul."

Als sie bald darauf das Schmetterlingshaus besichtigen, verknipst Martin bereits die Hälfte seines Films. Immer wieder entdeckt er ein besonders schönes Exemplar der hier frei umherflatternden Schmetterlinge, das er unbedingt fotografieren muss.

Sie gehen weiter zum Aquarium, sehen Krokodile, beobachten die Raubtiere und streicheln Ziegen und Schafe im Schaubauernhof. Als sie vor den Eisbären stehen, hört Lisa ein lautes knurrendes Geräusch. „War das etwa ein Bär?", fragt sie. „Nein, das war mein Magen", antwortet ihr Vater. Nicht nur er ist vom vielen Herumlaufen hungrig geworden. Zum Picknicken gehen sie zu einer der schönsten Stellen der Wilhelma: an den Seerosenteich im Maurischen Garten. König Wilhelm I. ließ vor über 150 Jahren die Anlage als schlossähnliches Gartenhaus in einem Stil aus dem alten Spanien erbauen. Noch heute sieht es hier aus wie in einem verwunschenen Märchenparadies. Nach dem Essen spielen Lisa, Martin und Paul zwischen den Mauern und Bäumen Verstecken.

Zum Schluss ihres Rundgangs kommen sie gerade noch rechtzeitig zur Fütterung der Seelöwen. Ein Tierpfleger lässt Arno, Evi, Bella, Susan, Lucy und Mercedes dabei ein paar Kunststücke vorführen. Zu Beginn der Fütterung fliegen mehrere Fischreiher heran. Einen davon stellt der Tierpfleger als Hugo vom nahegelegenen Max-Eyth-See vor. Hugo kam früher allein hierher und hat auch immer einen Fisch abbekommen, aber inzwischen bringt er auch noch seine ganze Verwandtschaft mit…

Flüsse und Quellen

Auf dem Weg zurück ins Parkhaus fällt Martin auf der anderen Straßenseite ein Schild auf. „Was soll denn ‚Neckar-Käpt'n – Willkommen an Bord' bedeuten? Wir sind hier doch nicht am Meer", fragt er. „Natürlich nicht, aber hier geht's los, wenn man mit dem Schiff eine Neckarfahrt machen will. Übrigens eine spannende Sache, mit den vielen Schleusen. Der Neckar ist unser Fluss hier in Stuttgart", erklärt Papa Martin.

„Falsch!", ruft Lisa triumphierend, „Stuttgart liegt nicht am Neckar, sondern am Nesenbach." „Du hast recht", bestätigt Mama. „Nur Bad Cannstatt liegt am Neckar. Den Nesenbach kann man allerdings kaum noch sehen, weil er zum großen Teil unterirdisch verläuft und nur noch ein schmales Rinnsal ist."

Bad Cannstatt, das früher eine eigene Stadt war und heute ein Bezirk von Stuttgart ist, mag Lisa ganz besonders, und das nicht nur wegen der Wilhelma und des

Neckardampfers. Hier findet nämlich jeden Herbst auf dem Wasen das Volksfest statt. Lisa erzählt Martin, dass sie dort am liebsten Kettenkarussell und Geisterbahn fährt. Paul berichtet vom Fußballstadion, das in der Nähe des Wasens liegt und wo er schon mal ein Spiel des VfB angeschaut hat.

Jetzt schwirrt Martin der Kopf. „Neckarfahrt, Volksfest, VfB ...", zählt er auf. „Das kann sich ja kein Mensch merken!" Deshalb beschließt er: „Ich mache mir jetzt eine Liste, was ich in Stuttgart noch alles anschauen und unternehmen will." Er notiert etwas in seinem Notizblock, den er als Detektiv immer dabei hat. Lisa schaut ihm über die Schulter und liest verwundert die Überschrift: „TRAGTTUTS". „Das ist Geheimschrift", behauptet Martin und gibt ihr dann einen Tipp: „Lies es doch mal rückwärts."

Im Laufe des Tages ist es immer heißer geworden, und alle freuen sich auf ein erfrischendes Bad. Zum Glück haben sie die Schwimmsachen im Auto schon mitgenommen. „Können wir nicht Hugo, den Fischreiher, am Max-Eyth-See besuchen?", fragt Martin. Doch als er erfährt, dass man auf ihm zwar prima rudern und Tretboot fahren, aber nicht in ihm baden kann, verzichtet er heute auf den Besuch bei Hugo. Den Max-Eyth-See schreibt er allerdings gleich als nächstes auf seine Liste.

Aber jetzt ab ins Wasser! Sie gehen ins Mineralbad Leuze, das nur einen Katzensprung entfernt ist. Im Leuze kann man in echtem Mineralwasser schwimmen, das aus den nahegelegenen Quellen kommt und wie Sprudel auf der Haut prickelt. In Stuttgart gibt es 19 Quellen und damit die meisten Mineralwasserquellen in Westeuropa. Manche Leute nehmen sich das gesunde Wasser in Flaschen mit nach Hause. Papa verspricht den Kindern eine Extra-Portion Pommes, wenn

sie sich in das Becken mit dem ganz kalten Wasser trauen. Paul kreischt dabei lauter als die Papageien am Morgen, aber schließlich schafft er es – wenn auch nur für ein paar Sekunden.

Eine Weltreise

In der Nacht gibt es ein heftiges Gewitter, und am nächsten Morgen regnet es in Strömen. „Keine Sorge, uns wird es schon nicht langweilig werden", muntert Papa die Kinder auf. „Lasst uns heute mal in ein Museum gehen." Am Frühstückstisch diskutieren alle lange und ausführlich, welches Museum sie besichtigen wollen.

Lisa möchte unbedingt mal wieder zu den Dinosauriern. In Stuttgart haben sich die Dinosaurier früher anscheinend sehr wohl gefühlt, denn hier wurde eine ganze Reihe von Dinosaurierknochen gefunden. Es waren übrigens die ersten Saurierfunde auf dem europäischen Festland.

Heute sind sie in lebensgroßen Nachbildungen im Naturkundemuseum zu bestaunen. Paul will dagegen am liebsten in ein Auto-Museum, Mama zieht es in die neu eröffnete Ausstellung in der Staatsgalerie, und Papa interessiert sich für das Haus der Geschichte.

Endlich hat Mama die rettende Idee: „Heute gehen wir ins Lindenmuseum und machen dort eine Weltreise an einem Tag." „Das geht doch gar nicht, eine Weltreise an einem Tag", widerspricht Martin ungläubig. „Lass dich überraschen", erwidert Mama. „Und die anderen Museen schreibst du auf deine Liste, Martin. Die besuchen wir, wenn du mal wiederkommst."

Das Lindenmuseum ist ein Völkerkundemuseum, das das Leben und die Kunst von Menschen aus fernen Ländern zeigt. An der Museumskasse erfahren sie, dass in wenigen Minuten eine Kinderführung in der Ostasien-Abteilung anfängt. Auf ihrer Entdeckungsreise durch Japan hören die Kinder ein altes Märchen, lernen ein paar Schriftzeichen kennen, ziehen echte Kimonos an und nippen an grünem Tee. Den lassen die meisten dann allerdings lieber von ihren Eltern austrinken, weil er ungewohnt bitter schmeckt. Als sie ein japanisches Wohnzimmer betrachten, in dem es keine Stühle gibt, sondern stattdessen Kissen vor einem ganz niedrigen Tisch liegen, fragt Paul verwundert: „Haben die Japaner denn keine Beine?"

Nach der Führung besichtigen sie noch die anderen Abteilungen: Sie bewundern Masken aus Afrika, hören in Südasien tibetanische Musik, gehen auf einen Bazar im Orient, besuchen die Indianer in Amerika und erforschen die Südsee – und tatsächlich alles an einem Tag!

Als sie Martin am Ende der Woche wieder zum Zug bringen, sagt Lisa: „Komm doch an meinem Geburtstag im Herbst wieder." Martin freut sich jetzt schon darauf.

Geburtstag im Park

Martin kommt am Tag vor Lisas Geburtstag wieder nach Stuttgart. Gerade jetzt hat er ein paar Tage schulfrei. „Schaut mal genau hin", sagt Lisas Vater zu Lisa und Martin, als sie sich am Abend zusammen über die Straßenkarte Stuttgarts beugen. „In Stuttgart ziehen sich viele aneinanderhängende Parks wie ein grünes ‚U' durch die Stadt – ganz schön viel Grün für eine Großstadt." Martin holt extra seine Lupe aus der Hosentasche, die er – wie seinen Notizblock – als Detektiv immer mit sich trägt.

Nachdem Lisa sich mit ihrer Idee einer Übernachtungsparty bei ihren Eltern nicht durchsetzen konnte, will sie ihren Geburtstag draußen feiern.

Zum Glück hat der Wetterbericht für morgen Sonne versprochen. „Wie wäre es mit dem Rosensteinpark und der großen Kletterpyramide? Oder mit dem Bärenschlössle und seinen schönen Wiesen?", schlägt Papa vor. „Oder mit dem Rotenberg zum Drachensteigen?" „Da gehen wir lieber ein anderes Mal hin. Schreib alles auf die Liste, Martin!" „An meinem Geburtstag möchte ich auf den Killesberg", entscheidet sich Lisa endlich. „Ist das nicht langweilig, so ein Park?", fragt Martin, mal wieder zweifelnd. „Immer bloß rumlaufen und auf Bänken hocken?" „Wart's ab", meint Lisa diesmal nur.

Sie hat neun Kinder eingeladen. Sie treffen sich zu Hause und fahren mit der Straßenbahn direkt zum Eingang des Killesbergparks. Die Eltern haben einen riesigen Picknickkorb dabei, in dem sogar der Geburtstagskuchen mitsamt den Kerzen noch Platz gefunden hat.

Als erstes dürfen alle in das Dampfbähnle steigen,

das schnaufend eine Runde durch den ganzen Park zurücklegt. Da sie in den vorderen Wagen sitzen, bekommen sie hin und wieder den Dampf und Rauch der kleinen Lokomotive ins Gesicht geblasen. Paul zeigt Martin unterwegs den tollen Spielplatz. Als sie an einer besonders schönen Wiese vorbeikommen, sagt Lisa: „Hier will ich spielen und picknicken." Nachdem sie dort ausgiebig Fangen, Faulei, Fußball und Frisbee gespielt haben, stürzen sich alle auf die mitgebrachten Würstchen mit Kartoffelsalat und den Kuchen.

Frisch gestärkt, schlagen einige Kinder vor, den Aussichtsturm zu besteigen, der wie durchsichtig wirkt und in schwindelnde Höhen führt. „Da soll ich rauf, zu Fuß, und das an meinem Geburtstag", jammert Lisa ganz entsetzt. Aber Martin ruft: „Wer als erster oben ist", und alle, auch Lisa, laufen um die Wette. Blitzschnell sind sie an der Spitze angelangt, ganz ohne Aufzug, und werden mit schöner Aussicht belohnt. Lisas Eltern sind die letzten, weil sie die vier Plattformen des Turms zum Verschnaufen und Gucken genutzt haben.

Bevor sie den Rückweg antreten, überreden die Kinder Lisas Eltern noch zu einer Runde Schiffschaukel auf dem kleinen Jahrmarkt. Und sie gehen auf Lisas Wunsch noch an der Tierwiese vorbei, auf der neben Zicklein, Lamas und Hühnern die niedlichen Minischweinchen zu betrachten sind. Allen, auch Martin, hat der Geburtstag im Park riesigen Spaß gemacht.

Bubenspitzle und Flädlessuppe

Am Abend, als die Geburtstagsgäste schon längst heimgegangen sind, haben alle wieder einen Bärenhunger. Da die erschöpften Eltern keine Lust mehr zum Kochen haben, schlagen sie einen Restaurantbesuch vor. „Au ja, wir könnten italienisch Essen gehen!", ruft Lisa. „Oder spanisch, griechisch, portugiesisch, türkisch, chinesisch, thailändisch und vieles mehr", ergänzt Papa.

Die Auswahl ist riesengroß. Viele Menschen der verschiedensten Nationalitäten sind nach Stuttgart

gezogen, weil sie hier Arbeit gefunden haben. Deswegen gibt es auch eine große Anzahl ausländischer Restaurants mit Spezialitäten aus aller Herren Länder. Die Stuttgarter freuen sich über eine solche Vielfalt, aber sie selbst kochen auch leckere Dinge. Lisa zählt sie für Martin auf: „Spätzle, Maultaschen, Flädlessuppe, Gaisburger Marsch, Ofenschlupfer..." „Und Bubenspitzle", ergänzt Paul, „mein Lieblingsessen." „Igitt", entrutscht es da Martin, „ das klingt nicht so appetitlich." Um ihn vom Gegenteil zu überzeugen, besuchen sie ein schwäbisches Lokal.

Die Bedienung kommt an ihren Tisch. „So, Kendla, jetzedle griagd ir zeerscht ebbes zom Trenka", sagt sie. „Aus welchem Land kommt denn die Frau? Ich kann sie nicht verstehen", flüstert Martin. „Haha, du Meisterdetektiv", lacht Lisa, „das ist Schwäbisch. Du wirst dich schon noch daran gewöhnen, eigentlich klingt es ganz gemütlich." Martin bekommt von Lisa an Ort und Stelle eine erste Unterrichtsstunde im Schwäbisch Schwätzen. Beim Verlassen des Lokals kann er der Bedienung schon ein „Guads Nächdle" zurufen. Und ratet mal, wer die meisten Bubenspitzle verdrückt hat? Genau, das war Martin.

Vorhang auf

An einem der nächsten Tage hat Mama eine Überraschung für Martin und Lisa: Sie lädt die beiden ins Theater ein, und zwar ins Kleine Haus, das Schauspielhaus. Dahin oder auch ins Große Haus, in dem Opern und Ballette aufgeführt werden, gehen Lisas Eltern sonst immer nur abends und alleine, während Oma auf die Kinder aufpasst.

„Hurra!", freut sich Lisa. Sie erzählt Martin gleich, dass sie neulich mit ihrer Klasse einen Blick hinter die Kulissen des Staatstheaters werfen durfte. Auf ihrem Rundgang haben sie die unglaublich vielen Werkstätten und Ateliers besichtigt, in denen die Aufführungen vorbereitet werden. Sie haben eine riesige Malhalle gesehen, in der die Kulissen angefertigt werden, eine Damen- und Herrenschneiderei und eine Hutmacherei für die Kostüme, eine Schlosserei, eine Schreinerei und – da spitzt Paul die Ohren – sogar eine Waffenkammer. „Und in der Maske, wo die Schauspieler immer geschminkt werden, wurde dem Jonas aus meiner Klasse ein Bart angeklebt – das sah vielleicht komisch aus." Lisa schüttelt sich vor Lachen, als sie sich daran erinnert.

Die Theaterkarten hat Mama schon lange vorbestellt. Stuttgart ist berühmt für

sein Theater, sein Ballett und seine Oper, so dass der Andrang immer groß ist. „In was für ein Stück gehen wir überhaupt?", erkundigt sich Martin. „In ‚Das doppelte Lottchen'", antwortet Mama. „Oh, das kenne ich, das Buch habe ich schon gelesen", sagt Martin. „‚Emil und die Detektive' wird wohl nicht zufällig auch gespielt?" „Leider nicht, aber wenn es mal so weit sein sollte, sagen wir dir gleich Bescheid", versichert sie ihm lächelnd.

Paul muss heute zu Hause bleiben, weil er für das Stück noch ein bisschen zu klein ist. „Ätschegäbele", ärgert ihn Lisa, und Paul beginnt wie ein Schlosshund zu heulen. Da verspricht ihm seine Mutter, mit ihm am nächsten Sonntag in ein Puppentheater zu gehen. Schlagartig hört er auf zu weinen und erkundigt sich, was es dort zu sehen gibt. „Wie wär's mit ‚Der kleine Schreihals'?", witzelt Lisa.

Auch wenn es dann ein anderes Stück ist, das Paul am nächsten Sonntag in einem der vielen Stuttgarter Kinder- und Puppentheater zu sehen bekommt, wird es für ihn ein voller Erfolg. So wie der Theaterbesuch für Lisa und Martin, die sich danach noch lange gegenseitig die lustigsten Szenen aus dem „Doppelten Lottchen" erzählen.

Weihnachtsmarkt

Martin und seine Eltern besuchen sie das nächste Mal an einem Wochenende in der Adventszeit. An den Tagen zuvor hat es viel geschneit. „Zum Glück ist Stuttgart so hügelig", sagt Martin, als sie Schlitten fahren wollen und dafür nur vor die Haustüre müssen. „Am Bismarckturm und an anderen Hängen kann man sogar ein bisschen Ski fahren", erzählt Lisa und seufzt: „Aber leider gibt es dort keinen Lift."

Die Kinder freuen sich riesig auf den Weihnachtsmarkt, den sie heute nachmittag besuchen wollen. Auf dem Weg dahin kommen sie an einer Menge Busse vorbei. Viele Menschen reisen von weither an, um über den Stuttgarter Weihnachtsmarkt zu bummeln, einem der größten und schönsten Europas.

Lisa, Paul und Martin dürfen heute für eine Stunde alleine losziehen. Ihre Eltern wollen solange ungestört einkaufen gehen – vielleicht Geschenke? Auf dem Weihnachtsmarkt duftet es nach Lebkuchen, Punsch und Bratwürsten. Zwischen den schön geschmückten Ständen herrscht ein ziemliches Gedränge. „Ihr müsst vor allem auf die Dächer gucken", sagt Lisa und deutet nach oben auf ein Hexenhäuschen mit Hänsel und Gretel.

Martin kauft sich an einem Stand leckere Kräuterbonbons, und Lisa sucht nach einer hübschen Christbaumkugel. Während sie auswählen und bezahlen, verlieren sie sich eine Weile aus den Augen. Als Lisa dann Martin wieder entdeckt, ruft sie: „Wo

ist denn Paul?" Martin erwidert: „Ich dachte, bei dir." Lisa wird ganz heiß vor Schreck. Sie hatte doch fest versprochen, gut auf ihn aufzupassen. Was sollen sie tun?

Plötzlich fällt Martin etwas ein: Schon den ganzen Tag hatte Paul voller Vorfreude von der kleinen Kinderlokomotive auf dem Schlossplatz gesprochen. Sofort rennen sie los. Bei den vielen Menschen ist es gar nicht so einfach vorwärtszukommen. Aber tatsächlich: Als sie völlig außer Atem ankommen, steht Paul mit vor Staunen offenem Mund und ausnahmsweise ganz still vor dem Eisenbahngelände. Sie schimpfen ein wenig mit ihm, weil er ihnen davongelaufen ist. Aber da sie so froh sind, ihn wieder gefunden zu haben, spendieren sie ihm eine Fahrt. „Alle Achtung, Detektiv, das war wirklich eine Meisterleistung", sagt Lisa erleichtert zu Martin.

Stuttgart unter Sternen

„Heute unternehmen wir etwas, das dir besonders gefallen wird", sagt Papa am nächsten Tag zu Lisa. „Es wird dann nämlich ganz dunkel sein, und wir werden Sterne sehen." „Oh, ich darf wohl extra lange aufbleiben?", fragt Lisa hoffnungsvoll. „Hereingefallen", freut sich Papa. „Nein, wir gehen ins Planetarium."

Über Stäffele laufen alle am frühen Nachmittag hinab in den Talkessel. „Hier in Stuttgart ist das Auto erfunden worden, aber wir müssen immer laufen", mault Lisa. „Wieso erfunden?", hakt Martin nach. Von Papa erfährt er, dass Gottlieb Daimler in Stutt-

gart und Carl Benz in Mannheim die ersten Autos der Welt gebaut haben und Stuttgart im Ausland als „city of Mercedes-Benz" bekannt ist.

Im Carl-Zeiss-Planetarium angekommen, wippen sie in ihren bequemen Sesseln nach hinten und blicken erwartungsvoll nach oben. Der Saal wird immer dunkler, und aus der Mitte des Raums wird ein riesiges, geheimnisvolles Gerät ausgefahren: der Planetariumsprojektor. Er lässt an der Kuppeldecke zahllose flimmernde Sternenpünktchen aufleuchten. Von ihrem Sessel aus können die Zuschauer die wichtigsten Sternbilder und die Planeten betrachten und erfahren eine Menge über Sonne, Mond und Sterne.

Nach der Vorführung erzählt ihnen Lisas Mama von der Sternwarte auf der Uhlandshöhe. Dort kann man bei klarem Wetter durch ein Teleskop gucken und sich die richtigen Sterne am Himmel genau anschauen. „Allerdings finden die Führungen erst zu ziemlich später Stunde statt, denn es muss draußen ganz dunkel sein." „Schreib's auf die Liste, Martin", fordert Lisa. "Für mich ist es nie zu spät."

Als sie mit der Straßenbahn hangaufwärts nach Hause fahren, ist es schon dämmrig. Die beleuchtete Stadt mit den vielen bunten Lichtern des Weihnachtsmarkts sieht von oben wie verzaubert aus. „Der berühmte Gelehrte Alexander von Humboldt, der fast die ganze Welt gesehen hat, war der Meinung, Stuttgart sei eine der sieben schönsten Städte der Welt", sagt Papa da. „Bestimmt wegen dem Volksfest und dem Weihnachtsmarkt", ist Lisas Überzeugung. „Naja, diese Attraktionen gab es zu Humboldts Zeiten noch nicht. Er dachte wohl eher an die schöne Lage", erwidert Mama. „Ist ja auch egal", sagt Martin und zieht seine Liste aus der Hosentasche, „es gibt schließlich viele Gründe, immer wieder nach Stuttgart zu kommen."

Was Kinder in Stuttgart unternehmen und anschauen können

Aussichtspunkte, Parks, Spielplätze

Bärenschlössle mit Pfaffensee, Neuer See und Bärensee, Spielwiese
Birkenkopf mit Gipfelkreuz
Bismarckturm, geöffnet Mi. und Sa. 14–19 Uhr, So. 10–19 Uhr
Botanischer und exotischer Garten der Universität Hohenheim mit Spielplatz
Chinesischer Garten an der Ecke Birkenwaldstraße/Panoramastraße
Eugensplatz mit Galatea-Brunnen und Eisdiele
Fernsehturm, Jahnstr. 120, 70597 Stuttgart-Degerloch, Tel. 23 25 97, tägl. 9–22.30 Uhr, Aufzugspreise € 3,–/2,–
Höhenpark Killesberg mit Spielplatz, Tierwiese, Aussichtsturm, von April bis Okt. Kleinbahn und historischer Jahrmarkt
Karlshöhe mit Biergarten und Spielplatz
Max-Eyth-See mit Grillstellen, Ruder-, Tret- und Elektrobooten, Segelclub
Park der Villa Berg mit Spielplatz
Rosensteinpark mit Naturkundemuseum (s. Museen) und Spielplatz
Rotenberg mit Grabkapelle (s. Sonstiges), Grillplatz, Spielgeräte
Rot- und Schwarzwildpark im Gebiet Sauhalde bei Botnang
Rotwildgehege am Glemssträßle
Schlossgarten mit Spielplatz im Unteren Schlossgarten
Uhlandshöhe mit Sternwarte, Spielplatz, Aussichtsturm und Minigolf
Wartberg mit Egelsee, Wasserspielplatz sowie vhs-Ökostation und vhs-sinnesgarten

In Stuttgart gibt es über 500 öffentliche **Spielplätze** (Auskünfte beim Garten- und Friedhofsamt, Maybachstr. 3, 70192 Stuttgart, Tel. 216-7160) sowie über 20 **Abenteuerspielplätze** und **Jugendfarmen** (Verzeichnis beim Stuttgarter Jugendhausverein, Schlossstr. 56, 70176 Stuttgart, Tel. 237 280, www.jugendhaus.net). Dort auch Informationen über die zahlreichen Stuttgarter **Kinder- und Jugendhäuser** bzw. Kindertreffs.

Ferien

Sommerferienprogramm der Stadt Stuttgart (Hallo Kinder), Jugendamt, Wilhelmstr. 3, 70182 Stuttgart, Tel. 216 31 95, www.stuttgart.de/kinder-ferienprogramm

Waldheimferien, Anmeldung bei der AWO Stuttgart e.V., Olgastr. 63, 70182 Stuttgart, Tel. 21061-41/42, beim Caritasverband für Stuttgart e.V., Fangelsbachstr. 19A, 70180 Stuttgart, Tel. 60170312 und beim Evang. Stadtverband Stuttgart, Gymnasiumstr. 36, 70174 Stuttgart, Tel. 2068-162, www.waldheime-stuttgart.de, pro Kind und Woche € 56,–

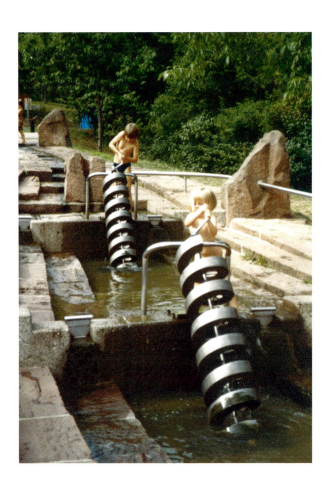

Feste und Märkte

Cannstatter Volksfest, auf dem Cannstatter Wasen jährlich zwischen Ende Sept. u. Mitte Okt., www.cannstatter-volksfest.de

Stuttgarter Flohmarkt, Karlsplatz, jeden Samstag 8–16 Uhr, großer Flohmarkt 2x jährlich im Mai und September auf dem Markt-, Karls- und Schillerplatz, Tel. 5594945

Stuttgarter Frühlingsfest, auf dem Cannstatter Wasen jährlich zwischen Mitte April u.Anfang Mai, www.stuttgarter-fruehlingsfest.de

Lichterfest, Höhenpark Killesberg, jährl. im Juli, Tel. (Tickets) 2555 555, www.messe-stuttgart.de/lichterfest/

Stuttgarter Sommerfest, im Schlossgarten, jährl. im August, Sa.u.So. 14–17 Uhr Kinderprogramm

Stuttgarter Weihnachtsmarkt, jährl. in der Adventszeit auf dem Markt- und Schillerplatz, „Märchenland" auf dem Schlossplatz, 10–20.30 Uhr, Kinderprogramm im Musikpavillon täglich 14–17 Uhr

und natürlich viele weitere Feste von Stadtteilen, Vereinen und Organisationen.

Museen

Albatros Flugmuseum, Stuttgarter Flughafen, Tel. 948-0, April –Sept. 8–21 Uhr, Okt.–März 9–18 Uhr, Eintritt € 2,–/1,–

Haus der Geschichte Baden-Württemberg, Urbansplatz 2, 70182 Stuttgart, Tel. 2123950, www.hdgbw.de, Di.–So. 10–18 Uhr, Do. 10–21 Uhr, Eintritt € 3,–/2,–

Linden-Museum Stuttgart, Staatliches Museum für Völkerkunde, Hegelplatz 1, 70174 Stuttgart, Tel. 20 22-3, www.lindenmuseum.de, Di.–So. 10–17 Uhr, Mi. 10–20 Uhr. Eintritt Dauerausstellung € 3,–/2,–

Mercedes-Benz-Museum, Mercedesstr. 137, 70327 Stuttgart-Untertürkheim, Tel. 1722578, www.mercedes-benz.com/classic, Di.–So. 9–17 Uhr, Eintritt frei

Porsche Museum, Porscheplatz 1, 70435 Stuttgart-Zuffenhausen, Tel. 9115685, Mo.–Fr. 9–16 Uhr, Sa. u. So. 9–17 Uhr, Eintritt frei

Staatliche Museen für Naturkunde, Museum Schloss Rosenstein und Museum am Löwentor, Rosenstein 1, 70191 Stuttgart, Tel. 89 360, www.naturkundemuseum-bw.de, Di.–Fr. 9–17 Uhr, Sa.u. So. 10–18 Uhr, Eintritt € 4,–/2,–, Mi. ab 13 Uhr Eintritt frei

Staatsgalerie, Konrad-Adenauer-Str. 30–32, 70182 Stuttgart, Tel. 2124050, www.staatsgalerie.de, Di.–So. 10–18 Uhr, Do. 10–21 Uhr, Eintritt € 4,50/2,50 (ab 14 Jahren), Mi. frei, Kinderführungen Fr. 15 Uhr

Straßenbahnmuseum Zuffenhausen, Strohgäustr. 1, 70435 Stuttgart-Zuffenhausen, Tel. 822210, 2. So. eines Monats 13–17 Uhr, letzter So. eines Monats 13–18 Uhr, Eintritt € 1,50/0,80

Württembergisches Landesmuseum, Altes Schloss, Schillerplatz 6, 70173 Stuttgart, Tel. 2793479, www.landesmuseum-stuttgart.de, Di. 10–13 Uhr, Mi.–So. 10–17 Uhr, Eintritt € 2,60/1,50 (ab 14 Jahren)

Der **Museumspädagogische Dienst der Landeshauptstadt Stuttgart**, Heusteigstr. 39, 70180 Stuttgart , Tel. 216-6176, www.stuttgart.de/mupaedi, bietet Führungen für Schulklassen und Gruppen sowie Ferienprogramme

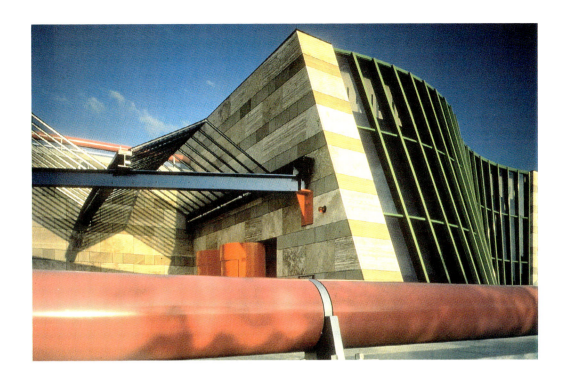

Musik

Stuttgarter Musikschule, c/o Treffpunkt Rotebühlplatz, Rotebühlstr. 28, 70173 Stuttgart (auch Konzerte für Kinder)
Stuttgarter Philharmoniker, Leonhardsplatz 28, 70182 Stuttgart, Tel. 2167843 (Kinder- und Familienkonzerte)

Sport

Drachensteigen: zum Beispiel auf der Egelseer Heide in Stuttgart-Rotenberg, beim Schloss Solitude und am Eichenhain in Stuttgart-Sillenbuch

Minigolf: Uhlandshöhe, Tel. 463842; Gaststätte Neckarblick auf der Wangener Höhe, Tel. 46 58 30; Stuttgarter Sportclub, Talstr. 210, 70188 Stuttgart, Tel. 569176

Schlittschuhlaufen: Eissportzentrum Waldau, Keßlerweg 8, 70597 Stuttgart-Degerloch, Tel. 216-3274 (im Sommer Inlineskaten) und im Winter am Schlossplatz

Schwimmen: 5 Freibäder, 8 Hallenbäder und 3 Mineralbäder, Tel. 216-4660, www.stuttgart.de/baeder

Sport in Vereinen: Auskunft über die Angebote der 440 Stuttgarter Turn- und Sportvereine in der Broschüre „Spiel und Sport" und bei der Sportinfostelle des Sportamts Stuttgart, Nadlerstr. 4, 70173 Stuttgart, Tel. 216-2141, www.stuttgart.de/sport

Theater

Eliszi's Jahrmarktstheater, Höhenpark Killesberg, 70192 Stuttgart, Tel. 2572815

FITS, Figurentheater Stuttgart, Eberhardstr. 61, 70173 Stuttgart, Tel. 2368684, www.figurentheater-stuttgart.de

Kindertheater Kruschteltunnel, c/o Studio Theater Stuttgart, Hohenheimer Str. 44, 70184 Stuttgart, Tel. 2361481, www.studiotheater.de

kkt – kommunales kontakt theater, Kissinger Str. 66a, 70372 Stuttgart-Bad Cannstatt, Tel. 563034, www.kkt-stuttgart.de

Komödie im Marquardt, Bolzstr. 4–6, 70173 Stuttgart, Tel. 2277022, www.schauspielhaus-komoedie.de

Kulturverein Merlin e.V., Augustenstr. 72, 70178 Stuttgart, Tel. 618549, www.merlin-kultur.de

Musicals: Plieninger Str. 109, 70567 Stuttgart, Karten Tel. 01805/ 114 113, www.stageholding.de

Nellys Puppentheater, Tel. 2334 48, www.nelly.de, im Haus der Familie
(s. Sonstiges)

Puppentheater Tredeschin, Haussmannstr. 134 C, 70188 Stuttgart, Tel. 48 67 27

Staatstheater Stuttgart, Oberer Schlossgarten 6, 70173 Stuttgart, Tel.202090, www.staatstheater.stuttgart.de

Theater am Faden, Marionettenbühne, Hasenstr. 32, 70199 Stuttgart, Tel. 60 48 50

Theater der Altstadt, Rotebühlstr. 89, 70178 Stuttgart, Tel. 61553464, www.theater-der-altstadt.de

theater im zentrum, Kinder- und Jugendtheater der Stadt Stuttgart, Heusteigstr. 39, 70180 Stuttgart, Tel. 216 23 28, www.theater-im-zentrum.de

Theater in der Badewanne, Stresemannstr. 39, 70191 Stuttgart-Killesberg, Tel. 2573825, www.theater-in-der-badewanne.de

Varieté im Friedrichsbau, Friedrichstr. 24, 70174 Stuttgart, Tel. 2257070, www.friedrichsbau.de

Wilhelma Theater, Neckartalstr. 9, 70376 Stuttgart-Bad Cannstatt, Tel. 954884-25, www.wilhelma-theater.de

Sonstiges

Carl-Zeiss-Planetarium Stuttgart, Mittlerer Schlossgarten, Willy-Brandt-Straße 25, 70173 Stuttgart, Tel. 1629215, www. planetarium-stuttgart.de, Vorführungen Di.–Fr. 10 u. 15 Uhr, Mi. und Fr. auch 20 Uhr, Sa. 14 (f. Kinder), 16, 18 und 19.15 Uhr, So. 14 (f. Kinder), 16 und 18 Uhr, Eintritt € 5,–/3,–

Grabkapelle auf dem Württemberg, Württembergstr. 340, 70327 Stuttgart, Tel. 33 71 49, März–Nov. So. 10–12, 13–18 Uhr, Fr., Sa. 10–12, 13–17 Uhr, Mi. 10–12 Uhr, Nov.–Febr. geschlossen € 2,50/1,50

Haus der Familie, Neue Weinsteige 27, 70180 Stuttgart, Tel. 220709-0, www.hdf-stuttgart.de (auch Kurse und Theater für Kinder)

Haus des Waldes, Königsträßle 74, 70597 Stuttgart-Degerloch, Tel. 9767212, www.hausdeswaldes.de, Di–Fr. 9–17 Uhr, jeden 1. u. 3. So. im Monat, Eintritt frei

Kinderbücherei in der Stadtbücherei, Wilhelmspalais, Konrad-Adenauer-Str. 2, 70173 Stuttgart, sowie Stadtteilbüchereien, Mo.–Fr. 11–19 Uhr, Sa. 10–16 Uhr, Tel. 216-5748, www.stuttgart.de/stadtbuecherei/kinderbuecherei

Neckar-Käpt'n, Neckarpersonenschifffahrt, Anlegestelle Wilhelma, Tel. 54 99 70 60, Linien- und Sonderfahrten zwischen April und Oktober, Preis nach Strecke, www.neckar-kaeptn.de

Schloss Solitude, Tel. 69 66 99, April–Okt. Di.–So. 9–12, 13.30–17 Uhr, Nov.–März Di.–So. 10–12, 13.30–16 Uhr, € 5,–/2,50

Schwäbische Sternwarte Uhlandshöhe, Mo., Mi., Do., Fr., Sa. Okt.–März 20 Uhr, April und Sept. 21 Uhr, Mai–Aug. 22 Uhr (nur bei klarem Himmel), € 3,–/2,– Tel. 22 60 893, für Kinder in den Sommerferien spezielle Programme, auch nachmittags, www.sternwarte.de

Stadtrundfahrten, Stuttgart-Marketing GmbH, Königstr. 2, 70173 Stuttgart, Tel. 22820, www.stuttgart-tourist.de

Standsteilbahn, zwischen Südheimer Platz und Waldfriedhof Degerloch, täglich von 6.25 Uhr bis 21.45 Uhr (Dauer 4 Minuten), Fahrpreis € 1,15 (Kurzstrecke)/0,90

Volkshochschule Stuttgart, Fritz-Elsass-Str. 46/48, 70174 Stuttgart, Tel. 1873-6, www.vhs-stuttgart.de, im **Treffpunkt Rotebühlplatz**, Rotebühlplatz 28, 70173 Stuttgart, Tel. 6607-120 (auch Kurse, Theater, Kino für Kinder)

Wilhelma , Zoologisch-Botanischer Garten, Haupteingang Neckartalstrasse, Stuttgart Bad Cannstatt, Tel. 5402-0, www.wilhelma.de, täglich geöffnet, Hauptkasse 8.15–16 Uhr im Winter und 18 Uhr im Sommer, Park bis zur Dunkelheit geöffnet, Eintritt € 9,–/4,50

Zahnradbahn, zwischen Zahnradbahnhof Marienplatz und Zahnradbahnhof Degerloch, täglich von 5.15 Uhr bis 21 Uhr alle 15 Minuten (Dauer 8 Minuten), Fahrpreis € 1,15 (Kurzstrecke)/€ 0,90, Fahrräder kostenlos

und vieles mehr....

Bildnachweis

Bublitz, Gudrun: S. 31
Fa. Bürger: S. 30
Foto Rellisch: S. 18, 33, 39 (u. re.)
Ilfrich, Sabine: S. 40
Messe Stuttgart: S. 27
Neckar-Käpt'n: S. 22
Pfündel, Thomas: S. 10, 14, 26
Pressefoto Kraufmann & Kraufmann: S. 12, 21
Puppentheater Tredeschin: S. 32
Rudel, Horst: S. 11 (2)
Schiedt, Oliver: S. 34
SSB: S. 8
Stadtmessungsamt Stuttgart: Karte
Stuttgart-Marketing: S. 6, 9, 13, 14, 17, 19, 20, 23, 24, 25, 28, 29, 33, 35, 37, 39 (o., u. li.), 42 ,43